DESIGNED IN TOKYO

More Than Yesterday: Daily Food and Activity Journal
©Copyright 2018 MEGUMI LAB - All rights reserved.

From a Declaration of Principles which was accepted and approved equally by a Committee of the American Bar Association and a Committee of Publishers and Associations. In no way is it legal to reproduce, duplicate, or transmit any part of this document in either electronic means or in printed format without the prior written permission of the publisher, except in the case of brief quotations embodied in critical reviews and certain other noncommercial uses permitted by copyright law. All rights reserved.

Introduction

The possibility of creating "More Than Yesterday" began with one of my worst experience in life.

During my journey of self-enrichment, I have always struggled to be a perfectionist whether it's in my work, sleep, diet, or relationship. Everything must be perfect. I was bought up with a mentality that imperfection is a weakness, it means that you are never good enough. And eventually, this mentality burnt me out.

Everything started to fall apart when my father died of a heart attack. Losing someone who was my mental support and the breadwinner was devastating. Overwhelmed by grief, I started losing my confidence and eventually fed into depression. Whenever I failed to be perfect at something, I would beat myself so hard to the point where I was getting so exhausted. I couldn't sleep for days, my relationship worsened, and soon I resorted to binge eating.

Eventually, my body succumbed to the after-effect. I reached a point in my life where I was so ashamed of myself. I isolated myself and loneliness began to creep into me. I was desperate and defeated. I felt that nobody understands me, not even my mother.

One ordinary day, I came across a YouTube video, a muscular guy was sharing how he overcame binge eating. He even showed photos of his old self. I thought to myself if he can do it why can't I? That was when I decided that enough is enough. I started to dispose tons of food from my house. I even bought and read some books about binge eating disorder. It was very hard at first, there were times where I would shiver and sweat because of not eating. There were nights when I cried so hard under my pillow, wondering why this had to happen to me.

After months of struggling, I started to gain some control over my habit. I started to open up and share my experience with those who have the same disorder. Opening up helps me a lot, it motivates, encourages, and gives me hope. I have since dedicated my life to help people who are in need because I understand how they feel. One of my ways of helping them is through this journal.

I have learned a lot since then and one of the most important lessons is to never give up as persistence breaks resistance. I also learned that those imperfections are what makes us perfect. Therefore, I choose "More Than yesterday" as my title.

Success is not being perfect, it is built up slowly from being a little bit better, wiser, and more than yesterday.

With passion and gratitude,

Joyce P. Fung, M.D.

The how, what, and why

Setting Up Goals

Before you begin, you will have to choose 3 goals for maximum results and effectiveness. One of the reasons few of us achieve what we truly want is that we never direct our focus, we have no goals in life. This journal is designed in such a way that it will help you to focus, concentrate on your power, and get everything you so desperately desired in just 100 days. Don't be like most people who dabble their way through life.

The "Don't Break The Chain" Concept

Inside this journal, you will have a beautiful spiral calendar for you to keep track of your 100-day progress. Ever heard of the "Don't Break the Chain" concept? Well, it's simple, whenever you have completed your task or goal of the day, cross off that day on a calendar. This creates a chain of Xs showing your progress. If you have failed to complete your specified task of the day, you don't get an X and that chain is broken. This process demonstrates your progress visually every day and makes you feel incredibly accomplished and productive despite only working for a short period of time.

Measure, connect, and understand your body

Before you begin your 100-day journey, you will also have to measure yourself. Taking your measurements is a fantastic method of keeping track of your changing body shape as you get fit.

Why a structured layout?

This structured layout is a form of daily routine. Routines enable innovation and drastic improvement. It allows you to experiment with ideas and then figure out which is working, and which is not.

The "Minimum Effective Dose" (MED) concept

This journal is specifically designed to be both simple and effective. Through plenty of case studies and experiences, I have come to realize that it is true that the more options you consider, the less productive and overwhelmed you are going to end up.

This journal applies the "Minimum Effective Dose" (MED) concept which is to do the least necessary to achieve your desired results. The MED concept teaches us that doing more won't change anything but may sometimes cause side effect.

Believe it or not, writing a shitload of stuff everyday won't get you to your goal any faster, instead it will only make you feel bored, exhausted, and eventually become a burden to you. Remember, life is not a sprint, it's a marathon!

I know it's not going to be easy at first if you are the kind that like to write a lot because I have been there. But trust me, once you have master "MED", you will never want to go back to your old practice again. It's a challenge!

For maximum results, limit yourself to only 15 minutes per day

How to use this journal

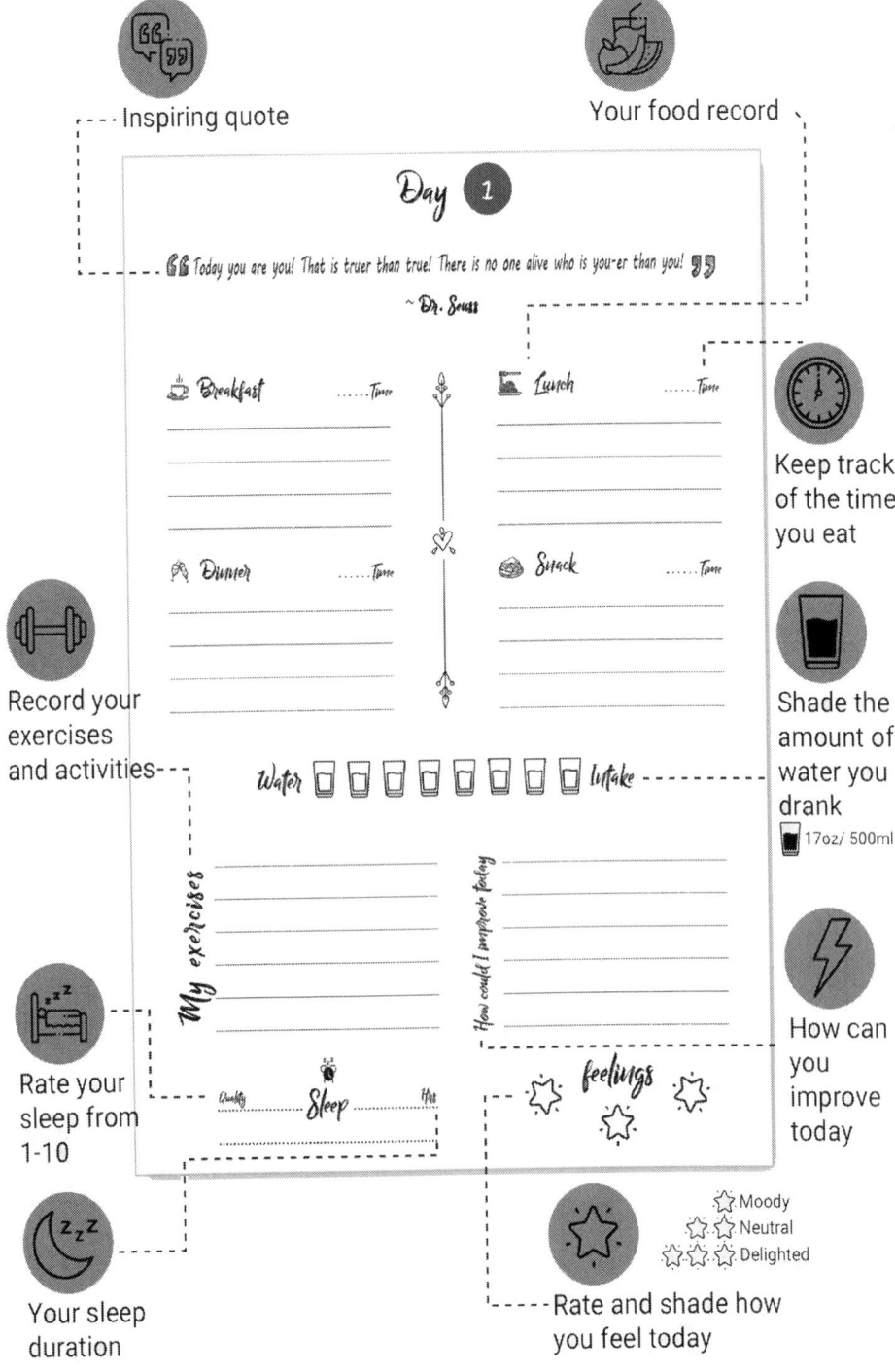

- Inspiring quote
- Your food record
- Keep track of the time you eat
- Shade the amount of water you drank — 17oz/ 500ml
- How can you improve today
- Rate and shade how you feel today (Moody, Neutral, Delighted)
- Your sleep duration
- Rate your sleep from 1-10
- Record your exercises and activities

My Goals

🚀 **Goal #1**

_____
_____

Why do I want it?

_____
_____
_____

~ Milestones ~

Day 30

_____

Day 60

_____

Day 100

_____

My critical first steps...

1. _____
2. _____
3. _____

❝ *The trouble with not having a goal is that you can spend your life running up and down the field and never score.* ❞

~ Bill Copeland

🚀 Goal #2

_____

_____

Why do I want it?

_____

_____

_____

~ Milestones ~

Day 30

_____

Day 60

_____

Day 100

_____

My critical first steps…

1. _____

2. _____

3. _____

> *It must be borne in mind that the tragedy of life doesn't lie in not reaching your goal. The tragedy lies in having no goals to reach.*
>
> ~ Benjamin E. Mays

🚀 Goal #3

_____

_____

Why do I want it?

_____

_____

_____

~ Milestones ~

Day 30

_____

Day 60

_____

Day 100

_____

My critical first steps...

1. _____
2. _____
3. _____

Put a big X over each day you accomplish

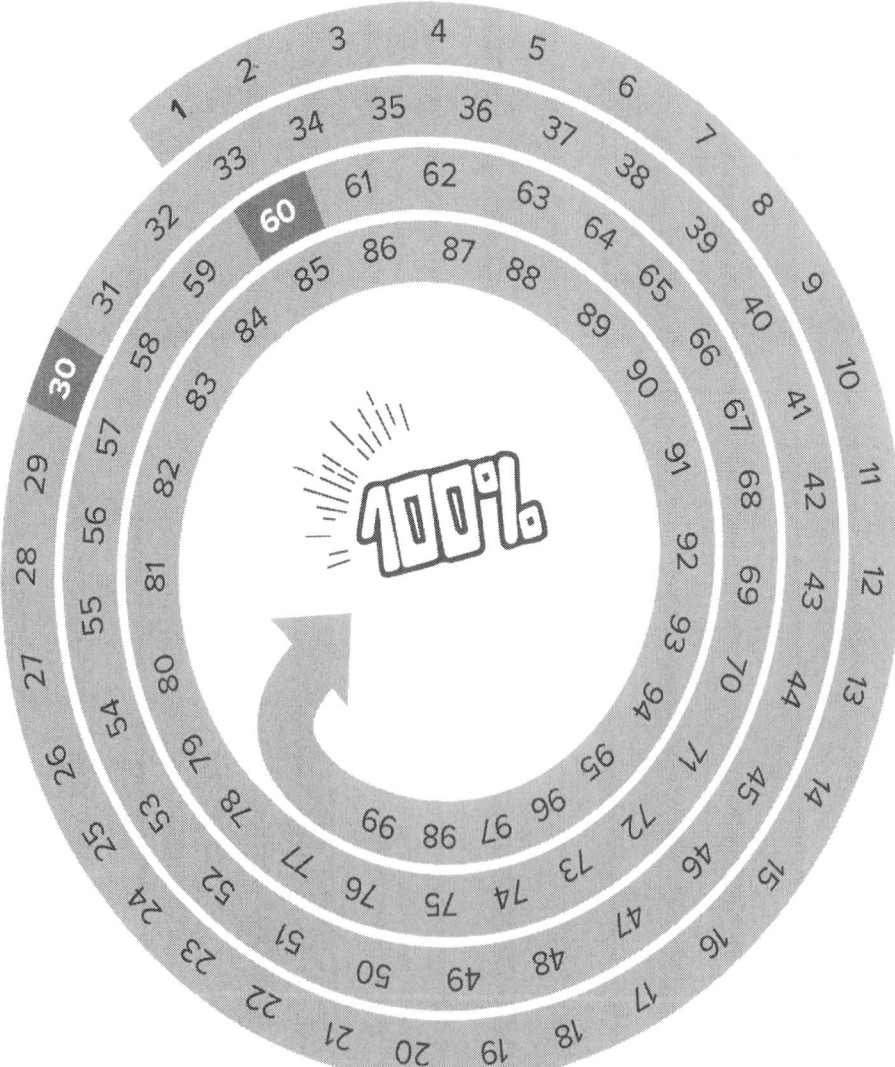

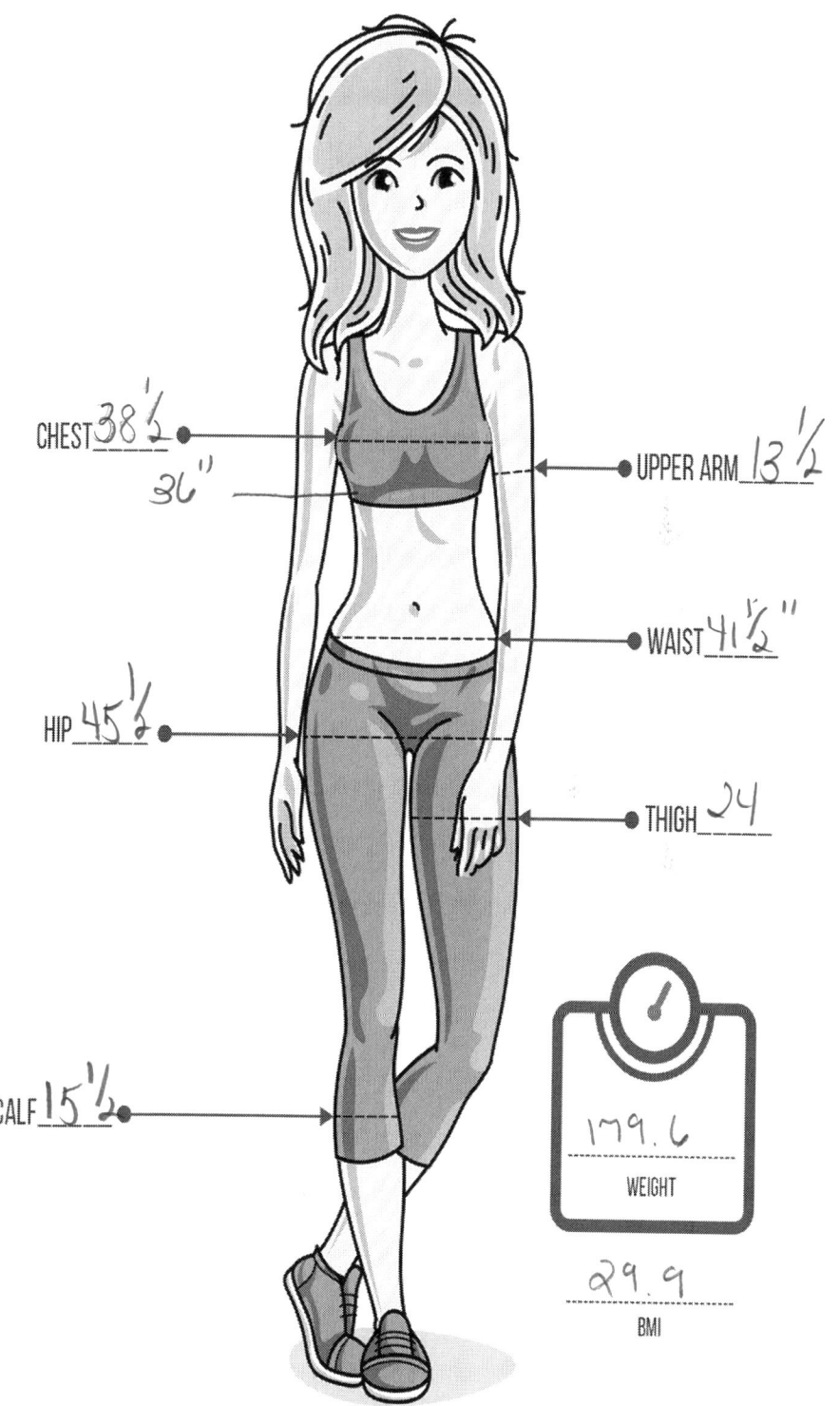

15 painless actions YOU CAN TAKE TO BECOMING A BETTER YOU

 Start your day with lemon water

 Watch out for high mercury fishes

Start taking krill oil

 Complete a periodic body cleanse

Try Intermittent fasting (16/8)

Join a fitness club

Curb your sugar and carb cravings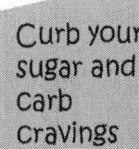

Don't be too hard on yourself

Minimize your consumption of processed foods

Stop comparing yourself to others

Transition from acidic to alkaline diet

Learn to let go and allow yourself to be happy

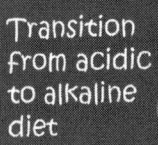  Eat plenty of leafy greens everyday

Flood yourself with empowering affirmations before starting your day

Never stop fighting until you arrive at your destined place - that is, the beautiful new you.

Day 1

Today you are you! That is truer than true! There is no one alive who is you-er than you!
~ Dr. Seuss

Breakfast ......Time
_____
_____
_____

Lunch ......Time
_____
_____
_____

Dinner ......Time
_____
_____
_____

Snack ......Time
_____
_____
_____

Water 🥛🥛🥛🥛🥛🥛🥛🥛 **Intake**

My exercises
_____
_____
_____
_____

How could I improve today
_____
_____
_____
_____

Quality .... **Sleep** .... Hrs
_____

feelings

Day 2

It is during our darkest moments that we must focus to see the light.
~ Aristotle

Breakfast .....Time
_____
_____
_____

Lunch .....Time
_____
_____
_____

Dinner .....Time
_____
_____
_____

Snack .....Time
_____
_____
_____

Water 🥛🥛🥛🥛🥛🥛🥛🥛 Intake

My exercises
_____
_____
_____
_____

How could I improve today
_____
_____
_____
_____

Quality .... **Sleep** .... Hrs
_____

feelings

Day 3

> *There is nothing permanent except change.*
> ~ Heraclitus

Breakfast ......Time

Lunch ......Time

Dinner ......Time

Snack ......Time

Water Intake

My exercises

How could I improve today

Quality .... Sleep .... Hrs

feelings

Day 4

> *When you reach the end of your rope, tie a knot in it and hang on.*
> ~ Franklin D. Roosevelt

Breakfast .....Time

Lunch .....Time

Dinner .....Time

Snack .....Time

Water Intake

My exercises

How could I improve today

Quality **Sleep** Hrs

feelings

Day 5

> *Find a place inside where there's joy, and the joy will burn out the pain.*
> ~ Joseph Campbell

Breakfast ..... Time

Lunch ..... Time

Dinner ..... Time

Snack ..... Time

Water Intake

My exercises

How could I improve today

Quality .... Sleep .... Hrs

feelings

Day 6

> *Don't judge each day by the harvest you reap but by the seeds that you plant.*
> ~ Robert Louis Stevenson

Breakfast ..... Time

_____
_____
_____

Dinner ..... Time

_____
_____
_____

Lunch ..... Time

_____
_____
_____

Snack ..... Time

_____
_____
_____

Water Intake

My exercises

How could I improve today

Sleep — Quality .... Hrs

feelings

Day 7

> *The only thing necessary for the triumph of evil is for good men to do nothing.*
> ~ Edmund Burke

Breakfast ......Time

Lunch ......Time

Dinner ......Time

Snack ......Time

Water Intake

My exercises

How could I improve today

Quality .... **Sleep** .... Hrs

feelings

Day 8

Success is not final, failure is not fatal: it is the courage to continue that counts.
~ Winston Churchill

Breakfast ......Time

_____
_____
_____

Lunch ......Time

_____
_____
_____

Dinner ......Time

_____
_____
_____

Snack ......Time

_____
_____
_____

Water 🥛🥛🥛🥛🥛🥛🥛🥛 Intake

My exercises
_____
_____
_____
_____
_____

How could I improve today
_____
_____
_____
_____
_____

Quality .... Sleep .... Hrs

feelings

Day 9

"Do not go where the path may lead, go instead where there is no path and leave a trail."
~ Ralph Waldo Emerson

Breakfast ......Time

Lunch ......Time

Dinner ......Time

Snack ......Time

Water **Intake**

My exercises

How could I improve today

Quality .... **Sleep** .... Hrs

feelings

Day 10

> *In three words I can sum up everything I've learned about life: it goes on.*
> ~ Robert Frost

Breakfast ......Time

_____
_____
_____

Lunch ......Time

_____
_____
_____

Dinner ......Time

_____
_____
_____

Snack ......Time

_____
_____
_____

Water 🥛🥛🥛🥛🥛🥛🥛🥛 Intake

My exercises
_____
_____
_____
_____
_____

How could I improve today
_____
_____
_____
_____
_____

Quality .... **Sleep** .... Hrs

feelings

Day 11

"Problems are not stop signs, they are guidelines."
~ Robert H. Schuller

Breakfast .....Time

Lunch .....Time

Dinner .....Time

Snack .....Time

Water Intake

My exercises

How could I improve today

Quality .... Sleep .... Hrs

feelings

Day 12

> *Change your thoughts and you change your world.*
> ~ Norman Vincent Peale

Breakfast ......Time

_____
_____
_____
_____

Lunch ......Time

_____
_____
_____
_____

Dinner ......Time

_____
_____
_____
_____

Snack ......Time

_____
_____
_____
_____

Water Intake

My exercises
_____
_____
_____
_____

How could I improve today
_____
_____
_____
_____

Quality .... **Sleep** .... Hrs

feelings

Day 13

> *The starting point of all achievement is desire.*
> ~ Napoleon Hill

Breakfast ......Time

Lunch ......Time

Dinner ......Time

Snack ......Time

Water 🥛🥛🥛🥛🥛🥛🥛🥛 **Intake**

My exercises

How could I improve today

Quality .... **Sleep** .... Hrs

feelings

Day 14

" Life isn't about finding yourself. Life is about creating yourself. "
~ George Bernard Shaw

Breakfast ..... Time

___

Lunch ..... Time

___

Dinner ..... Time

___

Snack ..... Time

___

Water Intake

My exercises

___

How could I improve today

___

Quality ..... **Sleep** ..... Hrs

feelings

Day 15

> *Happiness resides not in possessions, and not in gold, happiness dwells in the soul.*
> ~ Democritus

Breakfast .....Time

_____
_____
_____

Lunch .....Time

_____
_____
_____

Dinner .....Time

_____
_____
_____

Snack .....Time

_____
_____
_____

Water 🥛🥛🥛🥛🥛🥛🥛 **Intake**

My exercises
_____
_____
_____
_____

How could I improve today
_____
_____
_____
_____

Quality .... **Sleep** .... Hrs

feelings

Day 16

> *Believe you can and you're half way there.*
> ~ Theodore Roosevelt

Breakfast .....Time

Lunch .....Time

Dinner .....Time

Snack .....Time

Water Intake

My exercises

How could I improve today

Quality **Sleep** Hrs

feelings

Day 17

> *"Live is not a problem to be solved, but a reality to be experienced."*
> ~ Soren Kierkegaard

Breakfast ......Time

Lunch ......Time

Dinner ......Time

Snack ......Time

Water Intake

My exercises

How could I improve today

Quality .... **Sleep** .... Hrs

feelings

Day 18

> *All our dreams can come true, if we have the courage to pursue them.*
> ~ Walt Disney

Breakfast ......Time
_____
_____
_____

Lunch ......Time
_____
_____
_____

Dinner ......Time
_____
_____
_____

Snack ......Time
_____
_____
_____

Water Intake

My exercises
_____
_____
_____
_____

How could I improve today
_____
_____
_____
_____

Quality .... **Sleep** .... Hrs

feelings

Day 19

> *We know what we are, but know not what we may be.*
> ~ William Shakespeare

Breakfast ......Time

_____
_____
_____
_____

Lunch ......Time

_____
_____
_____
_____

Dinner ......Time

_____
_____
_____
_____

Snack ......Time

_____
_____
_____
_____

Water 🥛🥛🥛🥛🥛🥛🥛🥛 Intake

My exercises

_____
_____
_____
_____
_____
_____

How could I improve today

_____
_____
_____
_____
_____
_____

Quality .... Sleep .... Hrs

feelings

Day 20

" *When we are no longer able to change a situation, we are challenged to change ourselves.* "
~ Viktor E. Frankl

Breakfast .....Time

_____
_____
_____
_____

Lunch .....Time

_____
_____
_____
_____

Dinner .....Time

_____
_____
_____
_____

Snack .....Time

_____
_____
_____
_____

Water Intake

My exercises

_____
_____
_____
_____
_____

How could I improve today

_____
_____
_____
_____
_____

Quality .... **Sleep** .... Hrs

feelings

Day 21

> *The secret of getting ahead is getting started.*
> ~ Mark Twain

Breakfast ......Time
_____
_____
_____
_____

Lunch ......Time
_____
_____
_____
_____

Dinner ......Time
_____
_____
_____
_____

Snack ......Time
_____
_____
_____
_____

Water 🥛🥛🥛🥛🥛🥛🥛🥛 Intake

My exercises
_____
_____
_____
_____
_____

How could I improve today
_____
_____
_____
_____
_____

Quality .... **Sleep** .... Hrs

feelings

Day 22

"What we achieve inwardly will change outer reality."
~ Plutarch

Breakfast .....Time

Lunch .....Time

Dinner .....Time

Snack .....Time

Water 🥛🥛🥛🥛🥛🥛🥛🥛 Intake

My exercises

How could I improve today

Quality .... Sleep .... Hrs

feelings

Day 23

> *Ever tried. Ever failed. No matter. Try again. Fail again. Fail better.*
> ~ Samuel Beckett

Breakfast .... Time

Lunch .... Time

Dinner .... Time

Snack .... Time

Water Intake

My exercises

How could I improve today

Sleep — Quality .... Hrs ....

feelings

Day 24

> *Whatever the mind can conceive and believe, it can achieve.*
> ~ Napoleon Hill

Breakfast ......Time

Lunch ......Time

Dinner ......Time

Snack ......Time

Water Intake

My exercises

How could I improve today

Quality .... **Sleep** .... Hrs

feelings

Day 25

"Some people say you're going the wrong way, when it's simply a way of your own."
~ Angelina Jolie

Breakfast .....Time

Lunch .....Time

Dinner .....Time

Snack .....Time

Water Intake

My exercises

How could I improve today

Quality .... **Sleep** .... Hrs

feelings

Day 26

" If you look at what you have in life, you'll always have more. "
~ Oprah Winfrey

Breakfast .....Time

Lunch .....Time

Dinner .....Time

Snack .....Time

Water Intake

My exercises

How could I improve today

Quality **Sleep** Hrs

feelings

Day 27

> "Life shrinks or expands in proportion to one's courage."
> ~ Anaïs Nin

Breakfast ..... Time

Lunch ..... Time

Dinner ..... Time

Snack ..... Time

Water Intake

My exercises

How could I improve today

Quality ..... Sleep ..... Hrs

feelings

Day 28

> *I'm not a product of my circumstances, I'm a product of my own decisions.*
> ~ Stephen Covey

Breakfast ......Time

_____
_____
_____

Dinner ......Time

_____
_____
_____

Lunch ......Time

_____
_____
_____

Snack ......Time

_____
_____
_____

Water Intake

My exercises
_____
_____
_____
_____
_____

How could I improve today
_____
_____
_____
_____
_____

Quality .... **Sleep** .... Hrs

feelings

Day 29

> *When you want to succeed as bad as you want to breathe, then you'll be successful.*
> ~ Eric Thomas

Breakfast ......Time
_____
_____
_____
_____

Lunch ......Time
_____
_____
_____
_____

Dinner ......Time
_____
_____
_____
_____

Snack ......Time
_____
_____
_____
_____

Water Intake ☐ ☐ ☐ ☐ ☐ ☐ ☐ ☐

My exercises
_____
_____
_____
_____

How could I improve today
_____
_____
_____
_____

Quality .... **Sleep** .... Hrs

feelings
_____

Day 30

"Hard work beats talent when talent doesn't work hard."
~ Tim Notke

☕ Breakfast ..... Time
_____
_____
_____

🥂 Dinner ..... Time
_____
_____
_____

🍝 Lunch ..... Time
_____
_____
_____

🥞 Snack ..... Time
_____
_____
_____

Water 🥛🥛🥛🥛🥛🥛🥛🥛 Intake

My exercises
_____
_____
_____
_____

How could I improve today
_____
_____
_____
_____

Quality .... Sleep .... Hrs

feelings

Day 31

> "Learn how to be happy with what you have while pursue all that you want."
> ~ Jim Rohn

Breakfast ......Time
_____
_____
_____

Lunch ......Time
_____
_____
_____

Dinner ......Time
_____
_____
_____

Snack ......Time
_____
_____
_____

Water Intake

My exercises
_____
_____
_____
_____

How could I improve today
_____
_____
_____
_____

Quality ...... **Sleep** ...... **Hrs**

feelings

Day 32

> *It's what you practice in private that you will be rewarded for in public.*
> ~ Tony Robbins

Breakfast ......Time

_____
_____
_____

Lunch ......Time

_____
_____
_____

Dinner ......Time

_____
_____
_____

Snack ......Time

_____
_____
_____

Water Intake

My exercises
_____
_____
_____
_____

How could I improve today
_____
_____
_____
_____

Quality .... **Sleep** .... Hrs

feelings

Day 33

> *Successful people keep moving. They make mistakes, but they don't quit.*
> ~ Conrad Hilton

Breakfast ......Time

_____
_____
_____

Lunch ......Time

_____
_____
_____

Dinner ......Time

_____
_____
_____

Snack ......Time

_____
_____
_____

Water ☐ ☐ ☐ ☐ ☐ ☐ ☐ ☐ **Intake**

My exercises
_____
_____
_____
_____

How could I improve today
_____
_____
_____
_____

Quality ...... **Sleep** ...... Hrs

feelings

Day 34

> *The man who never makes mistakes is the man who never does anhything.*
> ~ Theodore Roosevelt

Breakfast ......Time

_____
_____
_____

Lunch ......Time

_____
_____
_____

Dinner ......Time

_____
_____
_____

Snack ......Time

_____
_____
_____

Water Intake

My exercises
_____
_____
_____
_____
_____

How could I improve today
_____
_____
_____
_____
_____

Quality .... **Sleep** .... Hrs

feelings

Day 35

> *Be miserable. Or motivate yourself. Whatever has to be done, it's always your choice.*
> ~ Wayne Dyer

Breakfast ......Time
___
___
___

Lunch ......Time
___
___
___

Dinner ......Time
___
___
___

Snack ......Time
___
___
___

Water Intake

My exercises
___
___
___
___

How could I improve today
___
___
___
___

Quality .... **Sleep** .... Hrs

feelings

Day 36

> *Action is the foundational key to success.*
> ~ Pablo Picasso

Breakfast ......Time

Lunch ......Time

Dinner ......Time

Snack ......Time

Water Intake

My exercises

How could I improve today

Sleep Quality .... Hrs

feelings

Day 37

"We are what we repeatedly do. Excellence, then, is not an art, but a habit."
~ Aristotle

Breakfast .....Time

Lunch .....Time

Dinner .....Time

Snack .....Time

Water Intake

My exercises

How could I improve today

Quality ..... **Sleep** ..... Hrs

feelings

Day 38

> *Even if you're on the right track, you'll get run over if you just sit there.*
> ~ Will Rogers

Breakfast .....Time
_____
_____
_____

Lunch .....Time
_____
_____
_____

Dinner .....Time
_____
_____
_____

Snack .....Time
_____
_____
_____

Water Intake

My exercises
_____
_____
_____
_____

How could I improve today
_____
_____
_____
_____

Quality .... **Sleep** .... Hrs

feelings

Day 39

> *Only I can change my life. No one can do it for me.*
> ~ Carol Burnett

Breakfast ......Time

___

Lunch ......Time

___

Dinner ......Time

___

Snack ......Time

___

Water Intake

My exercises

___

How could I improve today

___

Quality .... Sleep .... Hrs

feelings

Day 40

> *Good, better, best. Never let it rest. 'Til your good is better and your better is best.*
> ~ St. Jerome

Breakfast .....Time

_____
_____
_____
_____

Lunch .....Time

_____
_____
_____
_____

Dinner .....Time

_____
_____
_____
_____

Snack .....Time

_____
_____
_____
_____

Water Intake

My exercises

_____
_____
_____
_____
_____

How could I improve today

_____
_____
_____
_____
_____

Quality **Sleep** Hrs

feelings

Day 41

> *Optimism is the faith that leads to achievement. Nothing can without hope and confidence.*
> ~ Helen Keller

Breakfast .....Time

Lunch .....Time

Dinner .....Time

Snack .....Time

Water Intake

My exercises

How could I improve today

Quality .... Sleep .... Hrs

feelings

Day 42

" You don't have to be great to start, but you have to start to be great. "
~ Zig Ziglar

Breakfast ......Time

_____
_____
_____

Dinner ......Time

_____
_____
_____

Lunch ......Time

_____
_____
_____

Snack ......Time

_____
_____
_____

Water 🥛🥛🥛🥛🥛🥛🥛 Intake

My exercises
_____
_____
_____
_____

How could I improve today
_____
_____
_____
_____

Quality .... **Sleep** .... Hrs
....

feelings

Day 43

"Life begins at the end of your comfort zone."
~ Neale Donald Walsh

Breakfast .....Time

Lunch .....Time

Dinner .....Time

Snack .....Time

Water Intake

My exercises

How could I improve today

Quality **Sleep** Hrs

feelings

Day 44

> *Things work out best for those who make the best of how things work out.*
> ~ John Wooden

Breakfast ......Time

___

Lunch ......Time

___

Dinner ......Time

___

Snack ......Time

___

Water Intake

My exercises

How could I improve today

Quality ...... **Sleep** ...... Hrs

feelings

Day 45

"Perfection is not attainable, but if we chase perfection we can catch excellence."
~ Vince Lombardi

Breakfast ......Time

Lunch ......Time

Dinner ......Time

Snack ......Time

Water Intake

My exercises

How could I improve today

Quality .... Sleep .... Hrs

feelings

Day 46

Life is 10% what happens to you and 90% how you react to it.
~ Charles R. Swindoll

Breakfast .....Time

_____
_____
_____

Dinner .....Time

_____
_____
_____

Lunch .....Time

_____
_____
_____

Snack .....Time

_____
_____
_____

Water Intake

My exercises

How could I improve today

Quality .... Sleep .... Hrs

feelings

Day 47

> *Our greatest glory is not in never falling, but in rising every time we fall.*
> ~ Confucius

Breakfast .....Time

Lunch .....Time

Dinner .....Time

Snack .....Time

Water Intake

My exercises

How could I improve today

Quality .... **Sleep** .... Hrs

feelings

Day 48

"Don't wish it were easier. Wish you were better."
~ Jim Rohn

Breakfast .....Time

_____
_____
_____

Dinner .....Time

_____
_____
_____

Lunch .....Time

_____
_____
_____

Snack .....Time

_____
_____
_____

Water Intake

My exercises

How could I improve today

Quality ..... **Sleep** ..... Hrs

feelings

Day 49

" Everything you've ever wanted is on the other side of fear."
~ George Addair

Breakfast .....Time
___
___
___
___

Lunch .....Time
___
___
___
___

Dinner .....Time
___
___
___
___

Snack .....Time
___
___
___
___

Water Intake

My exercises
___
___
___
___
___

How could I improve today
___
___
___
___
___

Quality ..... **Sleep** ..... Hrs
___

feelings

Day 50

> *Success is not final, failure is not fatal: it is the courage to continue that counts.*
> ~ Winston Churchill

Breakfast ......Time
_____
_____
_____
_____

Lunch ......Time
_____
_____
_____
_____

Dinner ......Time
_____
_____
_____
_____

Snack ......Time
_____
_____
_____
_____

Water 🥛🥛🥛🥛🥛🥛🥛🥛 **Intake**

My exercises
_____
_____
_____
_____
_____

How could I improve today
_____
_____
_____
_____
_____

Quality .... **Sleep** .... Hrs

feelings

Day 51

Hardships often prepare ordinary people for an extraordinary destiny.
~ C.S. Lewis

Breakfast ......Time

Lunch ......Time

Dinner ......Time

Snack ......Time

Water Intake

My exercises

How could I improve today

Quality **Sleep** Hrs

feelings

Day 52

> *There is only one thing that makes a dream impossible to achieve: the fear of failure.*
> ~ Paulo Coelho

Breakfast ......Time

___
___
___

Dinner ......Time

___
___
___

Lunch ......Time

___
___
___

Snack ......Time

___
___
___

Water Intake

My exercises
___
___
___
___

How could I improve today
___
___
___
___

Quality ...... **Sleep** ...... Hrs
___

feelings

Day 53

" It's not whether you get knocked down. It's whether you get up. "
~ Vince Lombardi

Breakfast .....Time

Lunch .....Time

Dinner .....Time

Snack .....Time

Water Intake

My exercises

How could I improve today

Sleep Quality ..... Hrs

feelings

Day 54

" Definiteness of purpose is the starting point of all achievement. "
~ W. Clement Stone

Breakfast ......Time

Lunch ......Time

Dinner ......Time

Snack ......Time

Water Intake

My exercises

How could I improve today

Quality **Sleep** Hrs

feelings

Day 55

> *Too many of us are not living our dreams because we are living our fears.*
> ~ Les Brown

Breakfast .....Time

Lunch .....Time

Dinner .....Time

Snack .....Time

~~~~~ Water 🥛🥛🥛🥛🥛🥛🥛🥛 Intake ~~~~~

My exercises

How could I improve today

Quality .... **Sleep** .... Hrs

feelings

Day 56

> *I attribute my success to this: I never gave or took any excuse.*
> ~ Florence Nightingale

Breakfast ......Time

Lunch ......Time

Dinner ......Time

Snack ......Time

Water 🥛🥛🥛🥛🥛🥛🥛🥛 Intake

My exercises

How could I improve today

Quality ...... *Sleep* ...... Hrs

feelings

Day 57

Strength does not come from physical capacity. It comes from an indomitable will.
~ Mahatma Gandhi

Breakfast .....Time

Lunch .....Time

Dinner .....Time

Snack .....Time

Water Intake

My exercises

How could I improve today

Quality .... Sleep .... Hrs

feelings

Day 58

> *The greatest pleasure in life is doing what people say you cannot do.*
> ~ Walter Bagehot

Breakfast ......Time

Lunch ......Time

Dinner ......Time

Snack ......Time

Water 🥛🥛🥛🥛🥛🥛🥛🥛 Intake

My exercises

How could I improve today

Quality _____ **Sleep** _____ Hrs

feelings

Day 59

> *The future belongs to those who believe in the beauty of their dreams.*
> ~ Franklin D. Roosevelt

Breakfast ......Time

Lunch ......Time

Dinner ......Time

Snack ......Time

Water Intake

My exercises

How could I improve today

Quality ...... Sleep ...... Hrs

feelings

Day 60

"Don't be pushed around by the fears in your mind. Be led by the dreams in your heart."
~ Roy T. Bennett

Breakfast ......Time

Lunch ......Time

Dinner ......Time

Snack ......Time

Water Intake

My exercises

How could I improve today

Quality .... **Sleep** .... Hrs

feelings

Day 61

It does not matter how slowly you go as long as you do not stop.
~ Confucius

Breakfast ......Time

Lunch ......Time

Dinner ......Time

Snack ......Time

Water Intake

My exercises

How could I improve today

Quality .... **Sleep** .... Hrs

feelings

Day 62

"Fortune always favors the brave, and never helps a man who does not help himself."
~ P. T. Barnum

Breakfast ......Time

Lunch ......Time

Dinner ......Time

Snack ......Time

Water Intake

My exercises

How could I improve today

Quality .... Sleep .... Hrs

feelings

Day 63

> *Go confidently in the direction of your dreams. Live the life you have imagined.*
> ~ Henry David Thoreau

Breakfast ..... Time

Lunch ..... Time

Dinner ..... Time

Snack ..... Time

Water Intake

My exercises

How could I improve today

Quality ..... Sleep ..... Hrs

feelings

Day 64

> *The only person you are destined to become is the person you decide to be.*
> ~ Ralph Waldo Emerson

Breakfast ......Time

Lunch ......Time

Dinner ......Time

Snack ......Time

Water Intake

My exercises

How could I improve today

Sleep — Quality .... Hrs ....

feelings

Day 65

" Opportunities don't happen, you create them. "

~ Chris Grosser

Breakfast .....Time

Lunch .....Time

Dinner .....Time

Snack .....Time

Water Intake

My exercises

How could I improve today

Quality **Sleep** Hrs

feelings

Day 66

"If you don't like something, change it. If you can't change it, change your attitude."
~ Maya Angelou

Breakfast ......Time

Lunch ......Time

Dinner ......Time

Snack ......Time

Water Intake

My exercises

How could I improve today

Quality .... **Sleep** .... Hrs

feelings

Day 67

Failure will never overtake me if my determination to succeed is strong enough.
~ Og Mandino

Breakfast .....Time

Lunch .....Time

Dinner .....Time

Snack .....Time

Water Intake

My exercises

How could I improve today

Quality **Sleep** Hrs

feelings

Day 68

"Setting goals is the first step into turning the invisible into the visible."
~ Tony Robbins

Breakfast ......Time

Lunch ......Time

Dinner ......Time

Snack ......Time

Water Intake

My exercises

How could I improve today

Quality ...... **Sleep** ...... Hrs

feelings

Day 69

> *The future belongs to those who believe in the beauty of their dreams.*
> ~ Franklin D. Roosevelt

Breakfast ......Time

Lunch ......Time

Dinner ......Time

Snack ......Time

Water Intake

My exercises

How could I improve today

Quality ...... Sleep ...... Hrs

feelings

Day 70

> *Don't be pushed around by the fears in your mind. Be led by the dreams in your heart.*
> ~ Roy T. Bennett

Breakfast ......Time

Lunch ......Time

Dinner ......Time

Snack ......Time

Water Intake

My exercises

How could I improve today

Quality .... Sleep .... Hrs

feelings

Day 71

"Only those who dare to fail greatly can ever achieve greatly."
~ Robert F. Kennedy

Breakfast .....Time

Lunch .....Time

Dinner .....Time

Snack .....Time

Water Intake

My exercises

How could I improve today

Sleep Quality ..... Hrs

feelings

Day 72

" Remember that not getting what you want is sometimes a wonderful stroke of luck. "
~ Dalai Lama

Breakfast ......Time
_____
_____
_____

Lunch ......Time
_____
_____
_____

Dinner ......Time
_____
_____
_____

Snack ......Time
_____
_____
_____

Water 🥛🥛🥛🥛🥛🥛🥛🥛 Intake

My exercises
_____
_____
_____
_____

How could I improve today
_____
_____
_____
_____

Quality .... **Sleep** .... Hrs
_____

feelings

Day 73

> *We may encounter many defeats but we must not be defeated.*
> ~ Maya Angelou

Breakfast .....Time

Lunch .....Time

Dinner .....Time

Snack .....Time

Water 🥛🥛🥛🥛🥛🥛🥛🥛 Intake

My exercises

How could I improve today

Quality .... **Sleep** .... Hrs

feelings

Day 74

> *In order to carry a positive action we must develop here a positive vision.*
> ~ Dalai Lama

Breakfast ......Time

_____
_____
_____

Lunch ......Time

_____
_____
_____

Dinner ......Time

_____
_____
_____

Snack ......Time

_____
_____
_____

Water 🥛🥛🥛🥛🥛🥛🥛🥛 Intake

My exercises
_____
_____
_____
_____

How could I improve today
_____
_____
_____
_____

Quality .... Sleep .... Hrs

feelings

Day 75

" I never dreamed about success. I worked for it. "
~ Estée Lauder

Breakfast .....Time
_____
_____
_____

Lunch .....Time
_____
_____
_____

Dinner .....Time
_____
_____
_____

Snack .....Time
_____
_____
_____

Water 🥛🥛🥛🥛🥛🥛🥛🥛 Intake

My exercises
_____
_____
_____
_____

How could I improve today
_____
_____
_____
_____

Quality .... **Sleep** .... Hrs
....

feelings

Day 76

> *It is never too late to be what you might have been.*
> ~ George Eliot

Breakfast ......Time

Lunch ......Time

Dinner ......Time

Snack ......Time

Water Intake

My exercises

How could I improve today

Quality **Sleep** Hrs

feelings

Day 77

> There is no greater disability in society than the inability to see a person as more.
> ~ Robert M. Hensel

Breakfast .....Time

___
___
___
___

Lunch .....Time

___
___
___
___

Dinner .....Time

___
___
___
___

Snack .....Time

___
___
___
___

Water Intake

My exercises

___
___
___
___
___

How could I improve today

___
___
___
___
___

Quality .... **Sleep** .... Hrs

feelings

Day 78

" The best way to gain self-confidence is to do what you are afraid to do.
~ Swati Sharma

Breakfast ......Time

Lunch ......Time

Dinner ......Time

Snack ......Time

Water Intake

My exercises

How could I improve today

Quality **Sleep** Hrs

feelings

Day 79

"You will never find time for anything. If you want time you must make it."
~ Charles Buxton

☕ Breakfast ..... Time

_____
_____
_____

🍝 Lunch ..... Time

_____
_____
_____

🥂 Dinner ..... Time

_____
_____
_____

🥞 Snack ..... Time

_____
_____
_____

Water 🥛 🥛 🥛 🥛 🥛 🥛 🥛 **Intake**

My exercises
_____
_____
_____
_____

How could I improve today
_____
_____
_____
_____

Quality .... **Sleep** .... Hrs

feelings

Day 80

> *Failure is the opportunity to begin again more intelligently.*
> ~ Henry Ford

Breakfast ......Time
_____
_____
_____

Lunch ......Time
_____
_____
_____

Dinner ......Time
_____
_____
_____

Snack ......Time
_____
_____
_____

Water Intake
☐ ☐ ☐ ☐ ☐ ☐ ☐

My exercises
_____
_____
_____
_____
_____

How could I improve today
_____
_____
_____
_____
_____

Quality .... Sleep .... Hrs
_____

feelings

Day 81

> *When you know what you want, and want it bad enough, you'll find a way to get it.*
> ~ Jim Rohn

Breakfast .....Time

Lunch .....Time

Dinner .....Time

Snack .....Time

Water Intake

My exercises

How could I improve today

Quality ..... **Sleep** ..... Hrs

feelings

Day 82

> *A good goal is like a strenuous exercise - it makes you stretch.*
> ~ Mary Kay Ash

Breakfast ......Time
_____
_____
_____
_____

Lunch ......Time
_____
_____
_____
_____

Dinner ......Time
_____
_____
_____
_____

Snack ......Time
_____
_____
_____
_____

Water Intake

My exercises
_____
_____
_____
_____
_____

How could I improve today
_____
_____
_____
_____
_____

Quality .... Sleep .... Hrs

feelings

Day 83

> *Work like there is someone else working twenty-four hours a day to take it away from you.*
> ~ Mark Cuban

Breakfast .....Time

_____
_____
_____

Lunch .....Time

_____
_____
_____

Dinner .....Time

_____
_____
_____

Snack .....Time

_____
_____
_____

Water Intake

My exercises

_____
_____
_____
_____

How could I improve today

_____
_____
_____
_____

Quality .... **Sleep** .... Hrs

feelings

Day 84

If you don't know where you are going, you'll end up someplace else.
~ Yogi Berra

Breakfast .....Time
_____
_____
_____

Dinner .....Time
_____
_____
_____

Lunch .....Time
_____
_____
_____

Snack .....Time
_____
_____
_____

Water Intake

My exercises
_____
_____
_____
_____

How could I improve today
_____
_____
_____
_____

Quality .... Sleep .... Hrs

feelings

Day 85

"It always seems impossible until it's done."
~ Nelson Mandela

Breakfast ......Time

Lunch ......Time

Dinner ......Time

Snack ......Time

Water Intake

My exercises

How could I improve today

Sleep Quality .... Hrs

feelings

Day 86

> *Your goals are the roadmaps that guide you and show you what is possible for your life.*
> ~ Les Brown

Breakfast .....Time

Lunch .....Time

Dinner .....Time

Snack .....Time

Water 🥛🥛🥛🥛🥛🥛🥛🥛 Intake

My exercises

How could I improve today

Quality .... *Sleep* .... Hrs

feelings

Day 87

"A goal is not always meant to be reached, it often serves simply as something to aim at."
~ Bruce Lee

Breakfast .....Time

_____
_____
_____
_____

Lunch .....Time

_____
_____
_____
_____

Dinner .....Time

_____
_____
_____
_____

Snack .....Time

_____
_____
_____
_____

Water 🥛🥛🥛🥛🥛🥛🥛🥛 Intake

My exercises
_____
_____
_____
_____

How could I improve today
_____
_____
_____
_____

Quality .... Sleep .... Hrs

feelings

Day 88

> *The odds of hitting your target go up dramatically when you aim at it.*
> ~ Mal Pancoast

Breakfast ......Time

Lunch ......Time

Dinner ......Time

Snack ......Time

Water Intake

My exercises

How could I improve today

Sleep — Quality .... Hrs

feelings

Day 89

> *What the mind can conceive and believe, and the heart desire, you can achieve.*
> ~ Norman Vincent Peale

Breakfast ......Time

Lunch ......Time

Dinner ......Time

Snack ......Time

Water Intake

My exercises

How could I improve today

Quality .... Sleep .... Hrs

feelings

Day 90

> *To be successful, the first thing to do is fall in love with your work.*
> ~ Sister Mary Lauretta

Breakfast ......Time
_____
_____
_____

Dinner ......Time
_____
_____
_____

Lunch ......Time
_____
_____
_____

Snack ......Time
_____
_____
_____

Water Intake

My exercises
_____
_____
_____
_____

How could I improve today
_____
_____
_____
_____

Quality .... **Sleep** .... Hrs

feelings

Day 91

> *A dream becomes a goal when action is taken toward its achievement.*
> ~ Bo Bennett

Breakfast .....Time

Lunch .....Time

Dinner .....Time

Snack .....Time

Water Intake

My exercises

How could I improve today

Quality .... **Sleep** .... Hrs

feelings

Day 92

> *I don't focus on what I'm up against. I focus on my goals and I try to ignore the rest.*
> ~ Venus Williams

☕ **Breakfast** ......Time

_____
_____
_____

🥂 **Dinner** ......Time

_____
_____
_____

🍝 **Lunch** ......Time

_____
_____
_____

🍽 **Snack** ......Time

_____
_____
_____

Water 🥛🥛🥛🥛🥛🥛🥛 **Intake**

My exercises
_____
_____
_____
_____

How could I improve today
_____
_____
_____
_____

Quality .... **Sleep** .... Hrs

feelings

Day 93

" Everyone who got where he is has had to begin where he was."
~ Robert Louis Stevenson

Breakfast .....Time

Lunch .....Time

Dinner .....Time

Snack .....Time

Water Intake

My exercises

How could I improve today

Quality .... Sleep .... Hrs

feelings

Day 94

Discipline is the bridge between goals and accomplishment.
~ Jim Rohn

Breakfast ......Time

_____
_____
_____

Dinner ......Time

_____
_____
_____

Lunch ......Time

_____
_____
_____

Snack ......Time

_____
_____
_____

Water Intake

My exercises
_____
_____
_____
_____

How could I improve today
_____
_____
_____
_____

Quality .... **Sleep** .... Hrs

feelings

Day 95

> *It's perseverance that's the key. It's persevering for long enough to achieve your potential.*
> ~ Lynn Davies

Breakfast ......Time

Lunch ......Time

Dinner ......Time

Snack ......Time

Water Intake

My exercises

How could I improve today

Quality .... **Sleep** .... Hrs

feelings

Day 96

" Nothing great ever came that easy. "
~ Kresley Cole

Breakfast ......Time

_____
_____
_____

Dinner ......Time

_____
_____
_____

Lunch ......Time

_____
_____
_____

Snack ......Time

_____
_____
_____

Water 🥛🥛🥛🥛🥛🥛🥛🥛 Intake

My exercises
_____
_____
_____
_____
_____

How could I improve today
_____
_____
_____
_____
_____

Quality .... **Sleep** .... Hrs

feelings

Day 97

> *Doing the best at this moment puts you in the best place for the next moment.*
> ~ Oprah Winfrey

Breakfast .....Time

Lunch .....Time

Dinner .....Time

Snack .....Time

Water Intake

My exercises

How could I improve today

Quality Sleep Hrs

feelings

Day 98

> *The road to success begins with knowing what you need to know and why.*
> ~ Savania China

Breakfast ......Time

Lunch ......Time

Dinner ......Time

Snack ......Time

Water **Intake**

My exercises

How could I improve today

Quality .... **Sleep** .... Hrs

feelings

Day 99

"Success is stumbling from failure to failure with no loss of enthusiasm."
~ Winston S. Churchill

Breakfast ..... Time

Lunch ..... Time

Dinner ..... Time

Snack ..... Time

Water 🥛🥛🥛🥛🥛🥛🥛🥛 **Intake**

My exercises

How could I improve today

Quality ..... **Sleep** ..... Hrs

feelings

Day 100

"When you reach the end of your rope, tie a knot in it and hang on."
~ Franklin D. Roosevelt

Breakfast ......Time

_____
_____
_____

Dinner ......Time

_____
_____
_____

Lunch ......Time

_____
_____
_____

Snack ......Time

_____
_____
_____

Water Intake

My exercises
_____
_____
_____
_____
_____

How could I improve today
_____
_____
_____
_____
_____

Quality .... **Sleep** .... Hrs

feelings

CHEST _____

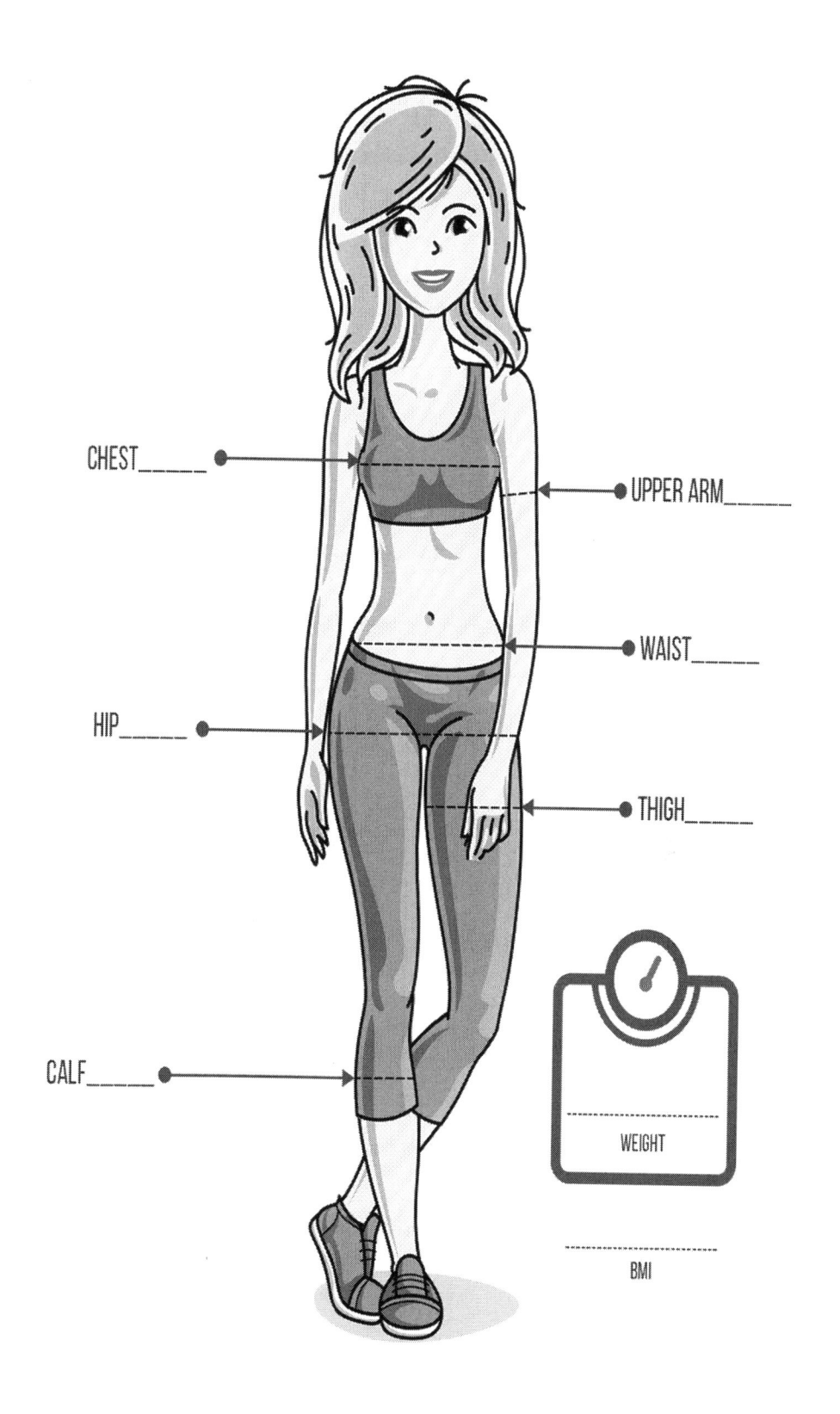

UPPER ARM _____

WAIST _____

HIP _____

THIGH _____

CALF _____

WEIGHT

BMI

My Results

🎯 What have I achieved so far?

1. _____
2. _____
3. _____

What have I learned throughout the process?

1. _____
2. _____
3. _____

What have I failed to achieve?

1. _____
2. _____
3. _____

- Why -

_____
_____
_____

Now, look back and be amazed at how much you have changed!

Leave an Amazon Review

⬇

Take a photo of your personal "More Than Yesterday"

⬇

Post & Tag "megumilab" in Instagram and Facebook to be featured

✚

Stand a chance to win
one of our 10 giveaway sets (per week)
which includes:

○ ○

A $100 Amazon Gift Card

A copy of "Limited Edition Asian Planner", "Red Blossom Teacher Planner", "Password Logbook", "Just The Way I Am Planner"

○ ○

~ All winners will be contacted through their social media accounts ~

Also by Megumi Lab :

Just The Way I Am 2019 Planner

Red Blossom Teacher Planner

More Than Yesterday Food Journal

Limited Edition Aslan Planner

~ Preview available at www·megumilab·com ~

Made in the USA
Middletown, DE
01 April 2019